Lacunaires

Lacunaires

Serge Delaive

poèmes et photographies

le chat polaire

Mise en page et couverture : Julie Gabriel
Logo du chat polaire : Max de Radiguès

Avenue Maurice Maeterlinck, 13
1348 Louvain-la-Neuve
www.lechatpolaire.com
D/2022/14682/5
ISBN : 978-2-931028-21-6

I

Inadvertances

Perdre la pluie

I

Barcis Frioul neuf bars
trois cents habitants
allés de bar en bar pas plus loin
le double en été transhumance
shorts lâches des touristes
blousons analogues des motards
amassés sur les rives du lac
ponctuation d'une chimie démente
comme si l'on pouvait renaître dans les paysages
toute une existence à affirmer que je partirai
toute une existence à reléguer les je mourrai
les vacanciers à Barcis au pays de Federico Tavan
trois cents habitants de bar en bar
pas plus loin si ce n'est les seuils
l'eau froide où se glisser depuis le ponton

la vallée pierreuse de la Cellina
et justement le temps espace l'été cette année
le dernier sur les routes de la désobéissance
avant de descendre pas à pas aux enfers gelés
compter près du fleuve les jours qui passent
chaque pas de plus sur la glace
à Barcis angle perdu d'une province
où l'asphalte de quelques rues
étanche la chaleur ourlée
dans l'oubli facile et provisoire
des neiges puis des débâcles

II

Le père et les enfants habitent
la robuste maison de village
prêtée par Giorgio son héritage
parmi les vénérables ombres mortes
le prénom de sa mère Celia à l'italienne
à présent celui de la fille du père
francisé sifflement accent aigu
c'est-à-dire le prénom de ma fille
des ombres assises dans le salon
peut-être dans la cuisine
près de l'antique poêle à bois
là où Giorgio l'ami du père
résout par intermittence sa vie
parce qu'ailleurs où les exils l'ont conduit il est
un arbre bossu issu d'une brèche entre les briques
mais ce dernier été à Barcis

ni moi le père ni mes enfants
ne pressentons que cet été sera le dernier
alors que le soleil suture le ciel qui suppure
émiettant la Cellina entre les abrupts
des Dolomites et le cercle des sommets
qui vérifient le lac barrage une émeraude
observée depuis le hameau de Miguet
où Yole et Pier Antonio déversent les grappas
dans les chansons du dialecte
décor à la beauté fictive d'un été
un dernier été oublieux
de l'économie du pillage

III

Et sur mes lèvres desséchées
résistent des résidus de vinaigre une amertume
quand cet été admettra son principe passé
des participes en notre absence conjointe
au milieu de la confusion
moi le père évidé de ses enfants
je serai seul à croupir ensuite
mais l'été le sait-il et la pluie manque
à la conscience de chaque dos chaque nuque
dès lors avant le départ un pèlerinage s'impose
village d'Andreis six kilomètres au sud
sur les piémonts du lac artificiel
c'est un autre pays une autre langue
nichés sous le dôme du Monte Raut
Andreis trois cents habitants deux bars
les maisons encagées parfois abandonnées

les écorces énormes écailles des arbres
aux troncs noués du temps qui se pend
dans le hameau de Bosplans où la nonna
de Giorgio a connu le monde qui s'arrête là
plus loin se déploie le vaste univers
une tout autre histoire nébuleuse
et pour ainsi dire incompréhensible
parmi les ruelles sombres et brumeuses
quand vient enfin un écho accouché de l'orage

IV

Je marche vers le cimetière d'Andreis
un cimetière consanguin – quatre ou cinq familles
et quelques étrangers égarés –
là repose depuis peu le corps ours et lézard
dont s'est enfui l'esprit hanté de Federico Tavan
poète d'*Augh !* voyageur mental de *La nâf spâzial*
vaisseau spatial en sa chambre un camp retranché
où l'humanité de merde est entrée de force
parée du masque hideux des bonnes intentions
près de la maison natale de Federico Tavan
mes enfants que l'enfance déserte
patientent balancés dans le ciel
leur ancienne peau se décompose
sur un muret précieux où j'aurais pu
doté d'un minimum de prescience
posté en amont de ma position statique

écrire en un bleu profond
de cinquante-deux millions d'années
le graffiti *dernier été* à côté de la voiture
parquée dans l'ombre mesquine
d'une ruelle un ballon perdu roule
aucun cri aucune précipitation silence
je n'ai pas le choix pas à pas j'avance
vers la tombe de Federico Tavan muni
du recueil offert par mon ami
sous la délivrance d'un orage fin de cycle
et j'ai peur tellement peur de perdre la pluie.

Trois questions

Comment accéder à ce qui ne peut se voir ?
À travers l'esprit qui se déplace, se retire, hallucine.

Comment accéder à ce qui ne peut se dire ?
À travers le poème qui capture, ossifie, révèle.

Comment y parvenir ?
À travers la pratique et les défaites.

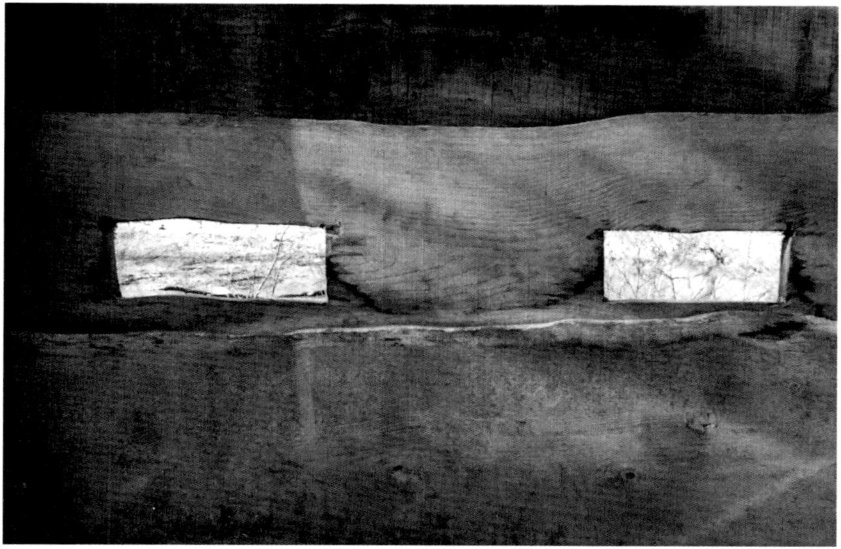

II

Les pansements les rêves

La dernière voix

Mais ce sera mourir sans cesse
renaître à force aux forceps
puis mourir une dernière fois
dans le silence et dans l'oubli
mais ce sera mourir sans cesse
la dernière tétée
la dernière cigarette
la dernière lecture à ton enfant
la dernière bouchée de chocolat
le dernier sexe en elle
le dernier journal de classe plastifié
le dernier trajet au volant et les virages
la dernière rencontre avec cet ami
plus revu depuis à qui la faute
ces dernières fois sans prévenir
mais surtout la dernière voix
la dernière fois que cette voix en toi

cette tessiture intime cette vibration
jeu d'orgue comme une signature
première empreinte écrasée par la mémoire
la dernière fois que tu entendis cette voix
égarée maintenant dans le vacarme
où se désincarnent le silence et l'oubli
de ces âmes éloignées par
le balancement du pendule
ceux qui sont revenus à la mort
celles qui t'ont quitté parfois
c'était toi à ton actif ou ton passif
la dernière voix une dernière fois
puis survivre parmi les disparus
les en-allés les amantes perdues
une dernière fois leur dernière voix
dont le souvenir absent se prolonge.

À la maison

Je rentre à la maison
m'assieds dans le salon
ici il n'y a personne
sauf qui je suis
la sonnette ne tintera pas
j'allume une cigarette
la lumière plonge et se prolonge
retour des jours ensoleillés
je me souviens
je me souviens
des jours meilleurs
il fera bientôt noir
sauf l'écran.

Une fissure

Je n'ai d'autre maître que moi-même
et les tumeurs des chiffres depuis l'aube
comme la nuit j'erre désarmé

Je me souviens de cette fissure
apparue entre nous entre vous
sous des formes non cicatricielles

Un événement infime dans la relation
à peine un léger froissement
écartant les tissus essentiels

Non pas cette guerre intime
ce conflit larvé ou déclaré
qui mènerait au désastre

Un mot une intonation infirme
une assiette brisée sur le carrelage
une apparence insignifiante du quotidien

Peut-être une fissure impalpable
puis la marque va s'élargissant
jusqu'à engloutir toute source de lumière

Quand stupéfaits nous la découvrons
et constatons l'ampleur des dégâts
déjà chaque guerre est réfutée

Il est trop tard une simple fissure
a renversé la construction notre fiction
et promulgué l'incohérence des ruines

Depuis je suis mon unique maître
réfutant les chiffres pendus à l'aube
comme chaque nuit j'erre désarmé.

Ce serait

Ainsi ce serait donc ça vivre ?
flotter pas même d'amour perdu
pas même d'amour trouvé
flotter dans l'intervalle entre nous
et nous dans le marais des illusions

Ainsi ce serait donc ça vivre ?
surgir de la mort pour y retourner
surnager sur la réalité du vide
que notre pensée encombre
et oblitère – dérive aveugle

ainsi ce serait donc ça vivre ?

Lacunaire

Parler de rien de la poussière
de la lumière ultime silence
érosion de la matière et de l'espace
parler de rien de la poussière
chair du temps où elle se pose
et décompose les cendres aussi
mais les gens pourquoi en parler
affublés de poussière – fibres et débris –
à épousseter pour qu'elle descende
donner chair à la matière
à sa manière de toute manière
englober tout même la lumière
ultime saut avant le rien
dont on ne parle pas
à pas soulever la cendre
ou regarder les insectes
pousser la poussière.

Poème I

Depuis que j'ai perdu le Verbe
j'ai trouvé ma pitoyable solitude
quelque part entre le balancement
de toute chose et les avalanches

Sous ma peau errent des foules
chaque corps porte mon visage
celui que j'égare encore à l'encre rouge
dans une chambre d'hôtel où est-ce ?

Une ville imperméable de nuit tombée
ni plus ni moins aucune couronne
ici les miroirs ondulent les phrases
du silence lisse qui me noie

Depuis qu'égaré sous ma peau
j'ai perdu le Verbe parmi les visages
une voix couleur sang issue des fêlures
constate mes tentatives sur le verre poli

Elle dit : hé parfait connard
sauf qui tu es.

Chaque jour

Chaque jour vient le matin
de la vie neuve dans la douleur
à repousser quand dehors il fait peur
et ce n'est pas la faute des rêves
ouvertures fugaces sur les mondes
orbitaux comme des comètes
anges tombés non pas déchus
et ce n'est pas la faute des rêves
aux consciences fractionnées
laids sans lumière sans avenir
versants d'ombres ondes étranges
que le temps refoule

Chaque jour vient le matin
dans les draps sués de l'angoisse
quand le rat au creux des entrailles
tranche de ses incisives les boyaux

fouillant la blessure que rameutent
les nerfs à l'intérieur des rêves
dont ce n'est pas la faute

Chaque jour vient le matin
où s'échoue ma nuit métaphysique
sourdes trompettes des prophéties
dans des bassins occultes et souterrains
et ce n'est pas la faute des rêves
plutôt celle des nuits de sécheresse
voire de calvaire disons
chaque jour jusqu'au jour dit-on.

Miroir

Dispersion de la lumière
sur le miroir piqué de taches noires
tain altéré éclats sur la glace
chaque miroir est un cauchemar
où les peurs rongent la fiction de soi
– au nom de la tolérance sois mon ennemi –
dans la profondeur plane
d'appels à franchir la surface révulsée
pressions de violences asymétriques
à retourner le poing en sang
pendant que ce miroir réfléchit
au reflet sans fin voire à la dilution
et que palimpseste enfin
face à l'effroi immobile tu t'observes
dissous seconde après seconde
émietté dans la transparence.

Extinction

Autobiographie fictive
du poème aux os des mots
comme celui éteindre
tant détesté va savoir
au contraire d'hier ou d'osmose
tellement goûteux va savoir
parce que cette tension constante
entre les forces de mort et de vie
t'épuise en équilibre
(dans la rue tu entends
« avril rime avec péril »
oh tant de mots sans image
comme le verbe se situe
à la jonction polaire de naître
et de dénaître) tu t'épuises
entre exister et disparaître
où sont la grammaire et les halos au ciel

ici réduits à l'essentiel – facile
substantifs infinitifs raclements
peu de liens ou d'ornements
que tu puises régulier
qualificatifs adverbes
te voici déposant l'ombre
flou des marges fou des libres cours
et ce mot qui vient
tu le discernes dans les veines
de l'ombre désossée
il décline son identité : extinction
évidemment.

Intrusion

Ce jour le rêve de quelqu'un d'autre
a rêvé la nuit censée m'appartenir
où des ombres ondulaient vers
un lendemain dont j'étais exclu

Dans les couloirs du dark web
j'errais en quête d'effractions
derrière la porte s'ouvrait une pièce
où des logiciels cannibales s'entredévoraient
Olympe destructeur des nouveaux mythes

Dès lors j'ai vu que ce rêve inconçu
touchait en plein cœur la cible de l'avenir
sans que je puisse identifier l'intrus
doué de la désobéissance essentielle
rêvant en moi à mon insu avant l'éveil.

Fumer

Plaisir délicat de fumer
ignorant les interdictions
conjugaison du geste et du goût
– porter le filtre aux lèvres pincées
inspiration expiration de brume
bras pendant paresseux
cigarette entre pouce et majeur
âpreté agressive dans la gorge
brève révélation de végétaux
contraction des poumons emplis
de ce qui les empêche –
menant en ligne droite vers la pensée
pendant que la fumée ventouse
dissipe les conséquences et la colère
tu revois la clarté limpide
l'entier instantané d'enfance
dans sa complétude sensible

la charge subtile des émotions
abandonnées là depuis que le temps
avance ses rapides saccades
interstice atteint par évaporation
sans les addictifs obligés de vitesse et d'oubli
coke psychotropes herbe ecstasy
conscience de la cigarette fumée
seul intermédiaire favorable
bien que le siècle des interdictions
combatte le plaisir délicat.

Capsule

Secret des prairies pentes de l'été
dans les herbes hautes le vent
se penche sur tes hanches
avide tu manges les nuages
en inclinaison de nos tentations
quand avec nos bras tendus
contre le tissu cohérent de l'air
nous écartons les abeilles
– à quoi rêvent-elles ? –
et ma langue appuyée sur ton front
catalogue une à une les perles
que des soleils embrasent

Secret des prairies en été
nos doigts écorchés dans
la terre mauve et caillouteuse
et nos paumes aux ronces

nous enfouissons sous les racines
un vaisseau temporel
rempli de renoncules
de nos cœurs gitans
de nos impatiences
– que faire de nos regards ? –
et d'une feuille griffonnée
à l'attention du futur
signée de nos sangs mêlés
vaisseau à exhumer sur l'autre versant
de récits à nouveau vivants

Secret des prairies en été
amertume des peaux
noyade mineure autour
de pupilles dilatées tes iris
seules fleurs de couleur
parmi les étangs d'herbes hautes
avant que le temps mange ton nom

par les racines sous les épines
et que j'oublie le mien
comme la géographie de l'arbre blanc
qui surveille dans son ventre
notre vaisseau temporel
une bouteille de plastique
chargée d'un message destination avenir
– l'endroit perdu où je me tiens –
quelques mots perlés au bout des doigts
dessus deux signatures de sangs fanés.

Dernière instance

Le monde est rempli
de morts qui n'ont plus soif
de morts absents de la mort
capturés par les diodes des phares
sans espoir de rédemption
ils marchent parmi la foule
nous parmi nous dans les rues
ils regardent les écrans
patientent en salle d'attente
dorment sous les draps
chambres appartements hôtels
la nuit les surprend par la nuque
puis les relâche
à travers les matins livides
devant les angles aux chiffres perdus.

Imparfait (première du pluriel)

Moment récent et si ancien des époques
d'un miroir à l'autre fuse en rubans
la limite de dernière diffusion
sur les syllabaires de la lumière
tu lèves la tête les lèvres une habitude
ancrée et les marécages du ciel
dessous la terre étincelles stériles cet avril
quand ton ami poète ajoute
tout est affaire de pluie
ce que nous avions sera perdu
c'est une période récente
et très ancienne tu hisses le regard
le ciel demande crois-tu ce que tu vois
une profondeur nouvelle et très ancienne
plus aucun trait pour aplanir la courbure
que tu explores nuit et jour dévidés
Vénus : un luminaire en suspension

la lune remplit puis vidange
sa panse indifférente dans la distance
et les soleils narguent nos sécheresses
voilà tout
c'est une époque récente et très ancienne
tu détournes le bleu au bleu plus aucun avion
pour surveiller les morts comptés cyniques
sur les logiciels des statisticiens élus au ciel
ou par les diffuseurs des nouvelles antiennes
propageant dociles la voix des maîtres.

Poème de la cigarette

Depuis que je suis une ombre
qui glisse dans les interstices
de la nuit sa silhouette hibou
encerclant les angles de la ville
et la surprise des amants qui baisent
au sous-sol derrière l'escalier
où jamais le soleil ni même ce soir
le sourire au cordeau de la lune
lumière bleue sur la lame d'acier
qui décore ma main gauche
je tire sur la cigarette
ce mégot braise étincelle de vie
parce que le sang à venir sera noir
depuis que je suis une ombre
clope au bec et subreptice
rôdant sur l'asphalte malgré les trottoirs
cette fille inconnue agrippée à un corps

qui la soulève cette fille soupire
et dit dans un hoquet ricochet
sous son regard dépourvu d'étincelle
la cigarette va te tuer va te tuer
va te tuer – est-ce un ordre ? –
je pince le filtre entre mes lèvres
j'inhale la fumée que je recrache
par spasmes sur le tranchant de la lune
fauve et bleue comme mes yeux hiboux
depuis que je suis une ombre.

M théorie

Seule l'ombre se propage
par secousses invisibles
sursauts entre ses incarnations
déniant chaque possibilité au réel
cette illusion en onze dimensions
que nous acharnons

La chute est le mouvement qui domine l'univers.

Exit

Julie atteint la fin de la route
un exutoire dépourvu de corps
elle est confortablement nimbée
dans les parages du sommeil
où gisent des rêves dégrisés

Julie ne veut pas causer de problème
un à un elle efface les fichiers
elle ne veut aucune trace aucun foyer
elle connaît par cœur la solitude la défaite
et le refrain qui dit tu as brisé mon cœur

Julie croit en de nombreux petits dieux
de tout petits dieux qui croient en elle
et qui s'effacent sur la courbe du sommeil
l'abandonnant à l'endroit où seraient les orées

Julie jour après jour ne varie pas
aucun exutoire dépourvu de corps
bientôt l’éclipse du sommeil viendra
sur l’ellipse d’une vie abaissée.

Antipoème VI

Quatre heures du matin mi-janvier
la nuit noire du boulevard
sur les hauteurs buvards de la ville
un vent sibérien se brise en silence
répandu sous l'éclairage public
un bain de cônes orangés
géométrise le vide et ses apparences
pas un véhicule pas une âme
seul le bruit de roulement
un panneau robot publicitaire
où défilent indéfiniment trois images
de brillance hors propos.

Le voyageur halluciné

pour Philippe Herbet

Tu marches tu fuis ton diagnostic
sur les spasmes du monde cette folie
tu déambules dans la lumière qui dilate
les coïncidences sont des signes
ni les frontières ni les contingences
n'entravent ton errance pas à pas
sur les continents une impulsion
de somnambule éveillé une loi en toi
te dicte de partir dès lors ils te rangent
dans la case pratique des aliénés
atteints d'automatisme ambulatoire
dromomanie des mots savants
qui ne savent rien il faut partir
tu le sais sinon le monde insoutenable
te rattrapera avec son outil une tenaille

pour te désosser dans l'asile des sédentaires
contraints jour après jour aux travaux
ou à l'attente des prochaines atrocités
qui surviendront c'est nécessaire
te voici transperçant les frontières
au gré des possibles déboussolés
sans le sou tu soulèves des trains des bateaux
de la Baltique au Bosphore et même
sur l'autre lèvre Méditerranée tu fuis les hommes
il faut bouger sans cesse s'enfuir vagabonder
aucune trace aucune théorie
partout où tu passes on t'oublie
la mort finalement n'est que distance
marcher sur la géographie ton issue
au monde transit express être plus loin
c'est être nulle part dans le futur
unique temps tolérable de tes conjugaisons.

Ombre

Côte à côte en moi se penchent
ceux qui font moi et le dispersent
dans l'abstraction des jours nouveaux
là où mon esprit adhère au vitrail
sous des contours voilés de crachin
là où mon esprit se décompose
sous les afflux de soleils aux zéniths
dépliant les angles à peine composés
côte à côte en moi se penchent
ceux qui font moi et le diluent
malgré ma lutte involontaire pour exister
ils se frôlent s'ignorent se complètent
ils refoulent vers la cage de mon squelette
mais les yeux ouverts je viens de remarquer
dos au crépuscule lapsus monotone
mon ombre étendue épousant les formes
du sol et des objets disposés sur le monde

mais les yeux clos je viens de remarquer
imprimée sur l'évidence équivoque du dehors
mon ombre unique malgré mes multiples.

Explication de texte – une nouvelle défaite

Le poète – est-ce à lui de se proclamer ? –
ancre depuis sa dignité des lignes
achevées avant la bordure droite de la page
où hésitent Julie et de petits dieux
une diagonale commode dans l'abord
de nos panthéons nos transcendances
amnistiées comme les sagesses non codées

Le poète sous sa façade décrépite
énumère la liste de ses dieux au-delà
des affiliations et des projets d'identité
une série limitée de visages masculins
soutenus par les pages et les images

Le poète conçoit que les dieux païens
de son panthéon lentement archivé
animent sous les entailles le féminin créatif

du moins ce qu'il en subsiste encore
pendant qu'en lui le monde offense

Et de ces jeux minables le poète un écueil
autrefois transi sur des traces divines
parvenait devin parasite à frayer un chemin
aujourd'hui recouvert par chaque œil.

III

En direction de μ

Pour la soif

Et de l'espoir né au matin
d'une nuit qui n'a pas voulu de nous
ne demeurent qu'os blanchis
bien que derrière la fenêtre le jour
appelle enfin dans les confins
dont on entendra parler
longtemps encore pas besoin
d'être devin des oublis prévisibles
mais cet espoir né au matin insomnié
persiste en sa dilution
dans l'affliction des jours
que rêves cauchemars ou cyprine
élaborent aux dés loin des augures.

Peser l'aube

Amour combien pèse l'aube
ce matin où elle incendie
tes iris à peine éveillés
lunes d'eau ambrées qui diluent
ton corps et ses perfections de festin
dans les particules charnues de lumière
arrimées à la brise nénuphar

Amour combien pèse l'aube
ce matin sur les braises
de mon implacable solitude
que solidifient mon ventre et mes entrailles
rongés par un rat aux dents jaunes
sous les travées lourdes de lumière
aussi menaçantes que le futur

Amour combien pèse l’aube
ce matin quand je défie le miroir
qui te retient ou t’efface
sur sa surface ocre et sans tain
selon la constellation que tu favoriseras
une source univoque de lumière
m’assignant à la nausée des apesanteurs.

Écrit avec le sang

Ta question (formulée) :
d'où vient ce sang
partout sur les pages
comme d'un cauchemar

Ma réponse (tue) :
le sang je le sue
par chaque pore
depuis la mort longtemps
d'où je descends

Ta question (formulée) :
brûles-tu du dedans au dehors
avant que la pluie résorbe
et par les narines
répande l'esprit éteint

Ma réponse (tue) :
les visages sont des trous
et le sang perce la peau
seulement au bout des doigts.

La vie envolée

Si pourvu d'un talent soudain
je devais d'elle saisir un lavis
je diluerais un jaune chartreuse
pour tracer de mémoire en ombres uniques
les marges de son corps absolu
les nombres entiers de la silhouette
qui s'élève haut sur des talons
dans les avenues qu'elle balance
et la résolution foncée des cheveux
je veux tout incorporer en moi la cheviller
tout ce que ce corps déguise et avive
ma louve intense dont je blesserai la peau
pour avaler ses vigueurs et sa joie
dissimulées sous les silences
tant ses beautés gorgent mes veines
que l'on m'absolve j'ai ma version
enfin touchant en dernier lieu

la vérité en ses instances vraies
je passerais les jours végétaux de novembre
archivant l'anneau cerclé noir
de ses yeux jaune et vert
par où la lave s'épanche et me consume
flammes volatiles de son intelligence
confluence col en V de ses angles

Si je devais d'elle saisir un lavis
j'épuiserais des années d'inachevé
en vain sur les lamelles émiettées
à pulvériser dans le jaune les copeaux de vert
aussi mobiles que des prairies à dévaler
en Irlande sous les lumières délavées
et quand distrait je me retournerai
ma louve aura changé d'avis sera partie
comme prévu vers là d'où elle était venue
si loin de moi tentant de la retenir
dans un voyage d'encre avais-je le choix
par déveine l'incandescence a des issues.

Morituri

Amour je t'en supplie couche avec tous les morts
mais seulement avec moi comme chaque orgasme
est une disparition en mémoire de nos corps
hors d'atteinte de ce que nous avons survécu

Amour mouille les draps des fantômes en exil
fouille les derniers muscles et encore le dernier
hurle dans la lumière les fièvres de ton plaisir
puis danse nue immobile parmi les auréoles

Amour sois ma putain d'un soir chaque soir
défonce le matelas de notre cellule
et que chaque objet consacré éjacule
quand il te regarde pisser sur dieu

Amour que la langue des vipères
lèche le sanctuaire de ton clitoris

pour que ma chienne de mort
tombe enceinte d'une vie nouvelle
où s'acquitterait notre amour.

Intervalle

Dans le labyrinthe où je m'enfonce
à ta recherche continent perdu
d'avance je le savais j'y suis allé
je récite l'alphabet d'une civilisation
aux tragédies primordiales
dont nous sommes issus
depuis l'antique jusqu'à ce jour ultralibéral
et je m'arrête à la douzième lettre
ton prénom diminutif
immobilise ce qui devait être conçu
parce que ma pensée cafouille
je reviens piteux sur mes pas
incapable d'atteindre le centre
toi ma belle en minotaure subtil
évitant mon goût de tauromachie
que tu ne voulais pas comprendre
et les deux étoiles de ton regard

deux trous qui ne se referment pas
sur les nuances sans nombre du noir

J'ai parcouru ton corps et ton esprit
associés où tu me les as offerts
c'était de l'autre côté du volcan
te souviens-tu ? – moi de tes promesses
et du mot nommé utile comme un glas –
oui tu te souviens de chaque date
chaque jour est un anniversaire
sur lequel tu finis par passer
comme une femme le temps avance
le temps ce dispositif domestique
que tu remplis à l'excès de tes retards
bien avant que nous volions vers les légendes
je t'avais perdue j'avais perdu la lumière
destiné à errer parmi les violences solitaires
parce que tu voulais m'aimer en double
fin de l'été tout était limpide dans l'air noir

et les nuits inconstellées sans cesse je butais
sur la douzième lettre d'un alphabet appris
au temps de la fin de l'enfance imagine ça

Traversant le labyrinthe et ses portes
l'enfant est celui qui découvre tu me l'as offert
illusion d'un futur auquel j'ai cru
quelques jours à peine quelques jours au moins
avant qu'hier tu l'effaces d'un choix
puis j'ai feint l'insouciance feint de croire
en ce que tu semblais croire sans concevoir
à quel point tu souhaitais te méprendre
sur ton compte qui t'a livré l'addition
et m'a soustrait à tes noirs étoilés
où je m'étonne d'avoir pu exister.

Une frontière

Sous l'eau une année en apnée
tu m'as aimé je n'en pouvais plus
figé dans un présent poisseux
tu m'as ouvert sans retenue
ton corps animé ton énergie
le visible et l'inaudible
et tes promesses à tenir
barrage contre les tempêtes
plein nord de nos naissances
la tienne la mienne la nôtre
sur un pont riveté entre canal et fleuve
parmi les perspectives concrètes
de décompositions postmodernes
avec tant d'eau ductile autour
à rouler sans bruit des reflets
qui nous atteindraient

Par obligation d'un refuge clandestin
nous franchissons en marche avant
en marche arrière souvent
l'illusion notoire d'une frontière
promesse dans les répits du temps
à l'abri des regards naturellement
et suivre l'inclinaison du fleuve
qui mène au niveau de la mer
là aux Pays-Bas des heures
à fleur de peau partout affleure l'eau
parfois même la pluie qui brûle
sous les paupières où c'est fragile
notre destination systématique
vers des sobriétés trop prospères

Ce jour de soleil saillant tes mains
arrimées aux arbustes de broussaille
à ton invitation je suis venu avide
en ton angle abaissé décidément

me voici debout à nouveau
tu m'as relevé depuis la vase
sur la ligne précise description des pays
cet abstrait nul et pourtant avenu
dont nous avons nargué la gueule moche
amorce d'un été de nuages bleus
à l'inverse de ma terreur mauvais présage
planaient les cris à la dérive des oiseaux
derrière les roseaux suspendus
aux intervalles du silence gémi
pendant que je me demandais
à quelle distance de moi tu te trouverais
le jour où affranchi des marécages
mon cœur métronome cesserait son trajet
d'un pays ou l'autre mais près de l'eau
au moins je l'espère à son niveau
d'avoir trop retenu ma respiration.

Poème quantique

Depuis que le temps a commencé
depuis que le temps creuse l'espace
et l'interstice où nous avons pris forme
elle est à la fois ici et là
elle occupe toute la distance
chaque lieu et son double parallèle
de là partout elle te regarde
homme encore vaincu
pendant que d'une main
tu arbores ton sexe tendu
et de l'autre un pénis arraché
toi le singe battant ton tambour
toi massif et comble de fissures
elle te regarde et te replace en toi
à travers ses yeux animés
par où se répand la magie première
plus loin que l'endroit où commence le temps

plus loin que l'endroit où finit l'espace
elle te regarde saigner
elle te regarde et son regard te modifie
quand tu t'échines à soulever
les masques instables du réel
elle t'absorbe quand tu rampes vers elle
entre ce qui est advenu
ce qui advient et adviendra
chaque grammaire du possible
chaque alphabet impensé
comme sa langue est une origine
indéfiniment prolongée
elle t'installe dans sa solidité
toi l'enfant des grands magasins
glissé sous les jupes de femmes
imaginant découvrir le mystère absolu
caché par ces simulacres de plastique
en guise de guérison il aurait fallu des regards
des rémissions il n'y avait rien à pardonner

elle jongle avec les ondes du temps
elle jongle avec le tissu de l'espace
quand personne d'autre n'y sera
jusqu'à l'instant où tout s'efface
avalé par les espoirs noirs
dans le présent continu
de nos orbites aléatoires
et de nos principes indéterminés
elle ne renonce pas elle évide la rage
depuis que le temps existe
depuis que le temps creuse l'espace
elle t'aime autant qu'elle a détesté
ta cruauté ton sillage de malheur
ta silhouette bombée d'irréductible vaincu
elle l'une t'a porté en elle
elle l'autre t'a accepté en elle
elle sait et saura ce qui signifie naître
contrairement à toi mort sept fois
toi qui ne comprends toujours pas
elle est l'une et l'autre ici et là à la fois.

IV

Et ne plus rien écrire

Je n'écrirai plus
raison pour laquelle j'écris
malgré tout à foison
ces lignes depuis le champ de ruines
aussi vaste et profond que la peur
partant du principe
– conditionnement artisanal
ou caprices de lumière –
que la forme déguiserait
une fonction grammaticale
raison pour laquelle j'écris
à foison cette gabegie de vers vides
avant d'autres qui sait
confiscation des terres
implants de drapeaux en lambeaux
comme le verbe épaissit le réel
une abondance en fuite
parce que je n'écrirai plus
je n'ai plus rien à écrire

sinon le constat liminaire
plus rien à dire plus rien à écrire
plus rien à écrire plus rien à dire
alors qu'en amont de dire ou d'écrire
il faudrait surtout vivre
solidifier les effondrements de séracs
profusion de chaos sur l'affiche de moi
au lieu de puiser dans la mémoire
ou son précipité imaginatif
renverser le paradigme ordinaire
imposition de l'écriture à tout prix
pour exhumer la vase épaisse
exister dans la projection de soi
qui précède chaque nuit mauvaise
– chacun meurt dans ses cauchemars –
dire peut-être bien que tout fût dit
que le passé sera simple
puisque de la maladie humaine
le mot est l'issue congénitale

posée sur une idée préconçue
je crois en chaque mot
de chaque langue
voici tout ce que j'ai à dire
toujours la conjugaison fut l'écorce
la forme le style proscrits
pour s'en tenir au temps conjugué
resterait conditionnel artisanal à vivre
vivre je m'y échine
à m'en râper le dos contre les troncs écorchés
je m'échine et m'échinerai à survivre
vivre restant à ma connaissance
de participant présent
la méthode de survie la plus efficace

Si tu savais ce que ça me coûte
d'écrire quand je n'écrirai plus
même sans fioritures même informes
ces vers qui surgissent et s'étaleront

mais tu t'en fous tu dis arrête-toi
c'est mal connaître ce merdeux
en poursuite de son unique lecteur lui-même
et tout à l'heure antérieur
dans la divination d'un futur
elle m'aura lancé joviale À demain
à quoi j'aurai répondu
Si les dieux le veulent
parce qu'en fait on ne sait jamais
si demain existera en nous
pas plus que les fantômes
les farfadets la violence les océans
en dehors des dictionnaires
à ces mots son regard de louve se sera affermi
sur ses pas arrêtés elle aura cerné une frayeur
teintée d'absence façon de parler
ensuite dans un sourire crispé
elle aura articulé Ne dis pas ça

D’accord je ne dirai rien
je n’écrirai plus
ça tombe bien
ça tombera bien hier ou demain
même si disait-on c’était imparfait
qu’en Littérature avec sa minuscule
majuscule d’équerre un angle droit
à tribord toute dans le chenal étroit
la mort l’amour le temps
sous leurs apparitions convergentes
seraient au fond les sujets de notre objet
au conditionnel de vivre nous y voici
la spirale encore elle quoi d’autre
la spirale un mode plutôt qu’un nom
la spirale égale l’univers perçu en ma vision
dans les quatre et quelques dimensions
de l’espace-temps qui nous a constitués
nous tous les milliards de morts de vivants
en devenirs dans nos encagements

vivre avant tout avant l'écriture
là où nous altérons nos sédentarités
les topographies amollies de nos esprits
ce que je fais ici car détrompe-toi
je n'écris et n'écrirai rien
dont ces quelques lignes
ces vers vides

Le centre du monde repose quelque part
dans un avaloir ou sous une taque d'égout
loin de tout centre que présument les géométries
de l'humain incarné chair dépourvue d'impulsion
je n'écrirai plus
la forme le style ici importent peu
je chercherai l'ombre sous la lumière
ou la lumière dans l'ombre blottie
je chercherai les interstices invisibles
les portes sous les ponts dans les no man's lands
les terrains vagues où nulle houle n'échoue

je n’écrirai plus
rien signifiera le paradigme
tangent à toutes nos conjugaisons
ces artifices sans éclats du temps compensé
moins j’écrirai demain
plus j’écrirai aujourd’hui
au cœur du paradoxe ici étendu
comme du linge à sécher
sur l’horizon des événements
à l’abord de mes trous noirs
en l’absence de toute lumière
et de toute théorie
ni plus ni moins
un jour qui ne viendra pas
je chercherai la connaissance
dont celle absolue de l’oubli
et des méplats du silence
relative enchâssée dans ce sépulcre
à ciel ouvert sa sainteté

un ciel ouvert à satiété
je n'écrirai plus
je n'ai guère le choix
quatre mots ou une gabegie
je me reconnais dans l'absence de miroir

Simple le passé l'est parfois
action brève et achevée à titre indicatif
les livres antérieurs ont altéré
les mots les conjugaisons
syntaxe de la maladie humaine
une litanie d'événements
en deçà des descriptions
des inscriptions sur la pierre antique
nous en avons conscience
quelle que soit l'altitude
ou les pentes des saisons
autant vivre et dire
que ce ne sera pas demain

mais aujourd'hui
que je n'écrirai plus
raison pour laquelle j'écris
malgré tout à foison
ces quelques lignes
ces quelques vers vides.

Du même auteur

Recueils de poèmes

Suite irlandaise en quatorze stations, Angle Mort, Bruxelles, 2019.
Latitudes de la dérive, Tétras Lyre, Liège, 2018.
La Trilogie Lunus, L'Arbre à paroles, coll. Anthologies, Amay, 2015.
Meuse fleuve nord, poème & photographies, Tétras Lyre, coll. Lettrimage, Liège, 2014.
Art farouche, éditions de la Différence, coll. Clepsydre, Paris, 2011.
Une langue étrangère, L'Arbre à paroles, Amay, 2008.
Le Sexe des bœufs, Tétras Lyre, coll. Accordéon, Soumagne, 2008.
Poèmes sauvages, éditions maelstrÖm reevolution, coll. Booklegs n°30, Bruxelles, 2007.
Les Jours suivi de Ici là, éditions de la Différence, coll. Clepsydre, Paris, 2006.
En rade, éditions Décharge/Gros textes, coll. Polder n°129, Toucy/ Châteauroux-les-Alpes, 2006.
Le Livre canoë, éditions de la Différence, coll. Clepsydre, Paris, 2001.
Revolver, éditions de l'Acanthe, Namur/Bruxelles, 1999.
Par l'oeil blessé, L'Arbre à paroles, Amay, 1997.
Monde jumeau, éditions Les Éperonniers, coll. Feux, Bruxelles, 1996.
Légendaire, éditions Les Éperonniers, coll. Feux, Bruxelles, 1995.

Romans

Nocéan, éditions maelstrÖm reevolution, Bruxelles, 2016.

Argentine, éditions de la Différence, Paris, 2009. Poche : Espace Nord, N°383, Bruxelles, 2020.

L'Homme sans mémoire, éditions de la Différence, Paris, 2008.

Café Europa, éditions de la Différence, Paris, 2004. Poche : Espace Nord, N°309, Bruxelles, 2012.

Le Temps du rêve, éditions Les Éperonniers, sous le pseudonyme d'Axel Somers, Bruxelles, 2000.

Non-fictions

Autour d'un hiver, photos et textes, éditions Bozon2x, Liège, 2021 (postface de Philippe Herbet).

Ex cathedra, prose, éditions du Centre Franco Basaglia, Liège, 2019. Republié en mai 2022 chez éditions maelstrÖm reevolution, coll. Bookleg, Bruxelles.

Saumon noir, récit et photographies, 2017, éditions de la Province de Liège.

Carnet de Corée, récit de voyage, textes et photographies, éditions de la Différence, Paris, 2012.

Herstal, textes et photographies, paru au musée de Herstal, Herstal, 2011 (brochure de l'exposition).

Pourquoi je ne serai pas français, pamphlet, éditions maelstrÖm reevolution, Bookleg n°79, Bruxelles, 2011.

Paul Gauguin, étrange attraction, essai, L'Escampette éditions, coll. Variations, Chauvigny, 2011.

Déjà parus aux éditions *le chat polaire*

Tristan Alleman, *Sarabandes*
Samantha Barendson, *Americans don't walk*
Samantha Barendson, *Tu m'aimes-tu ?*
Blanche Baudouin, *Je te vous toi*
Barbara Bigot-Frieden, *Silence Saudade*
Marc Dugardin, *Psaume, passant*
Eve Eden, *Chutes libres*
Laetitia Extrémet, *Aquapoèmes*
Jean Marc Flahaut, *Yoko en noir autour d'elle tout est blanc et menaçant*
Gwen Guégan, *Confidences*
Paul Guiot, *Au pays des mots à sons*
Isolde Kovalitchouk, *Papiers de soie*
Claire Larquemain, *La Cabane*
Jean-Jacques Marimbert, *La Boussole des rêves*
Jean-Louis Massot, *Abonné·e·s absent·e·s*
Ivan de Monbrison, *Irradié*
Vincent Motard-Avargues, *Peinture de l'absence*
Florence Noël, *Branche d'acacia brassée par le vent*
Lou Sarabadzic, *Portrait du bon goût en individu ma foi plutôt aimable*
Max Zouic, *Juste un doigt de liberté*
Max Zouic, *22 h du mat'*

Achevé d'imprimer en septembre 2022
sur les presses de la CIACO
à Louvain-la-Neuve